AF385266

CATALOGUE

DE

DESSINS ANCIENS

COMPOSANT LA

COLLECTION DE M. P. [Pradeau]

Dont la vente aux enchères publiques aura lieu

HOTEL DES COMMISSAIRES-PRISEURS, RUE DROUOT, N° 9

SALLE N° 4

Les Lundi 23 et Mardi 24 Janvier 1882

A UNE HEURE ET DEMIE PRÉCISE

Par le ministère de M° **MAURICE DELESTRE**, Commissaire-Priseur,
27, rue Drouot, 27.

Assisté de **M. CLEMENT**, Marchand d'Estampes de la Bibliothèque Nationale,
rue des Saints-Pères, 3.

EXPOSITION PUBLIQUE
Le Dimanche 22 Janvier 1882

DE DEUX HEURES A QUATRE HEURES

—

PARIS — 1882

CONDITIONS DE LA VENTE

Elle sera faite au comptant.

Les adjudicataires payeront *cinq pour cent* en sus des enchères.

Les attributions de l'amateur ont été conservées.

ORDRE DES VACATIONS

PREMIÈRE VACATION

Lundi 23 Janvier. — Numéros.......... 1 à 186

DEUXIÈME VACATION

Mardi 24 Janvier. — Numéros.......... 187 à la fin.

Dessins en lots.

Paris. — Imprimerie Pillet et Dumoulin, 5, rue des Grands-Augustins.

DÉSIGNATION

DESSINS

ADAM

1 — Ornement d'architecture.
A la sanguine. Signé.

AKEN (Van)

2 — Paysage.
A l'encre de Chine.

ANDRIESSEN (J.)

3 — Vue d'un village hollandais.
A l'aquarelle. Signé.

AUBIN (Saint-)

4 — Dame au coin du feu.
A la mine de plomb. (Encadré.)

5 — La Nourrice.
A la plume et lavis.

BERGHEM

6 — Paysage et animaux.
A la plume et lavis. Signé. (Sous verre.)

BERNINI

7 — Portrait d'homme en buste.
Aux deux crayons.

BIBIENA

8 — Intérieur de palais.
> A la plume et lavis de bistre.

9 — Palais à Venise.
> A la plume et lavis d'encre de Chine.

10 — Deux dessins d'architecture.
> A la plume et lavis de bistre.

BOILLY (JULES)

11 — Le Rieur.
> Au crayon noir. (Cadre ancien.)

BOILLY (L., fils)

12 — Maison de Michel Ange.
> Au bistre et encre.

BOISSIEU (DE)

13 — Femme assise, vue de dos.
> Au lavis d'encre de Chine. Signé.

14 — Homme assis, vu de dos.
> A la plume et lavis.

BONNINGTON

15 — Étude de peintre,
> A l'aquarelle. Signé. (Encadré.)

BOUCHARDON

16 — La Terre (allégorie).
> A la sanguine. Est accompagné de la gravure.

17 — Sainte Madeleine.
> A la sanguine.

BOUCHER

18 — Homme assis, à demi renversé.
> A la sanguine. Collection Deshays.

BOUCHER

19 — Homme assis, le menton dans la main.
A la sanguine. Collection Deshays.

20 — Homme assis, vu de profil.
A la sanguine. Collection Deshays.

21 — Homme allongé, vu de dos, les jambes croisées.
A la sanguine. Collection Deshays.

22 — Deux hommes couchés, vus en raccourci.
A la sanguine. Collection Deshays.

23 — Deux hommes, l'un allongé, l'autre un genou à terre.
Au crayon noir. Collection Deshays.

24 — La Nativité.
A la plume, lavis de sépia. Collection Deshays.

25 — Amours jouant avec des lions.
Aux trois crayons. Collection Deshays.

26 — Amours jouant d'instruments divers.
Aux trois crayons. Collection Deshays.

27 — Diane servie par les Amours.
Croquis à la sanguine. Collection Deshays.

28 — Femme debout, vue de dos.
Aux deux crayons. Collection Deshays.

29 — Un Amour, le doigt sur la bouche.
A la sanguine. Collection Deshays.

30 — Tête de faune.
Au crayon rouge. Collection Deshays.

31 — Tête de vieillard.
Au crayon rouge. Collection Deshays.

32 — Tête d'enfant.
Aux deux crayons. Collection Deshays.

BOUCHER

33 — Homme exprimant la terreur.
  Contre-partie. Collection Deshays.

34 — Homme assis.
  Contre-partie, avec reproduction, par Demarteau. Collection Deshayes.

35 — Étude d'homme assis.
  Contre-partie. Collection Deshays.

36 — Plafond.
  Grand dessin à la plume teinte.

BOUCHER (Attribué à)

37 — Femme allongée, vue de dos.
  Au crayon rouge.

38 — Bergère couronnée.
  Gouache.

39 — Tête de vieillard et de jeune fille.
  A la sanguine.

BULANT (Jean)

40 — Dessin d'architecture.
  A la plume lavé d'encre de Chine.

BOURDON (Sébastien)

41 — Abraham renvoie Agar.
  A la plume et lavis de bistre.

BREUGHEL (Pierre)

42 — Tentation de saint Antoine.
  A la plume et bistre.

CALABRAIS

43 — Retour de l'Enfant prodigue.
  A la sanguine. (Sous verre)

44

CAMBIASI

44 — Assomption.

A la plume et bistre.

CARPI (DA)

45 — Croquis.

A la plume.

CANTARINI

46 — Combat d'enfants.

A la plume.

CARESME

47 — Bacchanales.

A la plume et bistre.

CARRACHE (Annibal)

48 — Vierge.

A la plume et bistre.

49 — Vénus et Adonis.

A la plume et bistre, rehaussé de blanc.

50 — Saint Roch distribuant des aumônes.

A la plume et bistre. (Encadré.)

CARRACHE (Attribué à Annibal)

51 — Rebecca à la fontaine.

A la plume, lavé d'encre de Chine.

CASANOVE

52 — Bergers et animaux.

Crayon estompé, rehaussé de blanc. (Encadré.)

CASTILLO (Antonio)

53 — Sainte Madeleine.

A la plume.

CHARDIN

54 — Trois femmes, dont une lisant.

Aus trois crayons, estompé. Collection Deshays.

CHARDIN

55 — Tête de femme couverte d'une mantille.
A la plume, lavé de sépia. Collection Deshays.

56 — Femme tenant un crayon à la main.
A la plume et sépia. Collection Deshays.

57 — Femme assise, mangeant.
A la sépia. Collection Deshays.

58 — Femme en mantille appuyée sur une table.
A la sanguine. Collection Deshays.

59 — Jeune fille dessinant.
A la sanguine et crayon noir.

60 — Croquis de femme.
A la sanguine.

CHASSELAT

61 — L'Amour et Psyché.
A la plume. (Encadré.)

CHAUDET

62 — Divers croquis.
A la mine de plomb.

CHEVAUSKI

63 — La Leçon.
Au crayon noir, estompé, rehaussé de blanc.

CLERGET

64 — Paysage.
A la mine de plomb teinté.

CLERMONT (Élève de Boucher)

65 — Enfants.
A la sanguine.

COCHIN

66 — Frontispice médaillon.
A la sanguine.

COCHIN

67 — Frontispice pour les femmes illustres.
A la plume et bistre.

68 — Une procession.
A la sanguine.

CORRÈGE

69 — Tête de femme.
A la sanguine. (Sous verre.)

CONNINCLOO (G.)

70 — Fête publique.
A la pierre noire. Teinté.

COUSTOU (N.

71 — Croquis et autographe.
Signé.

CORTONE (PIERRE DE)

72 — Étude d'enfants.
A la sanguine.

COYPEL

73 — Niobées.
A la plume et teinté.

COSTA (Peintre niçois)

74 — Vue d'Eza, près Monaco.
Aquarelle.

DECAMPS (Attribué à)

75 — Jeune fille romaine.
A l'aquarelle.

DELAFOSSE

76 — Vase richement ornementé.
A la plume, lavé d'encre de Chine.

DELARUE

77 — Renaud et Armide.
Signé à la plume, teinté.

78 — Superbe encadrement de prières.
Signé à la plume, teinté.

DÉMARNE

79 — Paysage.
A l'encre de Chine et aquarelle.

DESHAYS

80 — Têtes de viellard à longue barbe.
Aux trois crayons.

81 — Portraits de femme à mi-corps.
A la sanguine.

82 — Étude de femme vue à mi-corps.

83 — Étude de deux hommes nus.
A la sanguine.

84 — Étude d'homme assis.
A la sanguine.

85 — Étude d'homme debout.
A la sanguine, rehaussé de blanc.

DIÉTERLIN

86 — Composition allégorique.
A la plume, lavé d'encre de Chine.

87 — Composition   id.
A la plume, lavé d'encre de Chine.

DUCK (J. Le)

88 — Homme couvert d'un manteau.
Au lavis d'encre.

DUPLESSIS-BERTAUX

89 — Bataille de la Révolution.

A l'encre de Chine et lavé.

90 — Tête d'homme et de femme.

A la plume.

DU PRÉ (Ecole hollandaise)

91 — Deux paysages.

A la plume, lavés d'encre de Chine.

DUVIEUX (H.)

92 — Marine orientale.

Au lavis d'encre.

DYCK (Van)

93 — Portrait d'homme à mi-corps.

A la plume. (Et autographe.)

94 — Portrait   id.

A la plume. (Et autographe.)

95 — Vision de Saint-Paul.

A la plume et bistre. (Cadre ancien.)

DUMONSTIER

96 — Portrait d'homme.

Aux deux crayons.

EISEN

97 — L'imagination.

A la sanguine. (Cadre ancien.)

ELSHEIMER

98 — Famille de Loth.

A la plume et bistre.

FERRI (Elève de Cortone)

99 — Le char du soleil.

A la plume, lavé d'encre de Chine.

FRAGONARD

100 — Étude de plantes.

A la sanguine brûlée.

101 — Paysage (dans le milieu deux amoureux).

A la sanguine.

FREUDEBERG (Attribué à)

102 — Famille de paysans.

A la plume et aquarelle. (Encadré.)

FREDOU

103 — Portrait de Louis XVI.

Aux deux crayons.

GAMELIN

104 — Bataille de cavalerie.

Signé. A l'encre de Chine, rehaussé de blanc. (Encadré.)

105 — Bataille   *id.*

Signé : 1793. A la plume, lavé d'encre de Chine.

GARANT

106 — Jeune dame jouant de la vielle.

Au crayon noir.

GAVARNI

107 — Le joli fardeau.

A l'aquarelle. (Cadre ancien.)

GÉRICAULT (Attribué à)

108 — Esquisse de cheval.

Au crayon noir.

GILLOT

109 — Ornement.

A la plume et teinté.

GILLOT (Attribué à)

110 — Arlequin, Pierrot, Scapin. Croquis.
A la sanguine.

GOLTZIUS (H.)

111 — Un évangéliste.
A la plume et bistre.

GRAVE (Ch. de)

112 — Faune et faunesses.
A la plume et bistre. (Encadré.)

GRAVELOT

113 — Procession papale.
A la plume, légèrement teinté. (Sous verre.)

GROSSÉ

114 — Portrait de femme en buste.
Signé. A la sanguine.

GUERCHIN

115 — Portrait d'homme.
A la plume.

116 — Personnage oriental.
A la plume.

117 — Portrait de Pétrarque.
A la plume.

118 — Vieillard et deux enfants.
A la plume.

119 — Paysage.
Signé. A la plume et aquarelle.

120 — Personnage méditant.
A la plume.

GREUZE

121 — Femme endormie les bras croisés appuyée sur ces coudes.

> Voir au verso : Croquis. Collection Deshays.

122 — Tête de femme.

> Sanguine. Collection Deshays.

HANNEBRINCK

123 — Quatre portraits d'hommes et de femmes.

> A la pierre noire, crayon et sanguine.

HENNEQUIN

124 — Portrait de Bonaparte, à mi-corps.

> Au crayon noir. Signé. Ce portrait fut donné par l'auteur, élève de David, à Dupré, le célèbre graveur, pour un projet de médaille.

125 — Paysage.

> Pierre noire, lavis d'encre.

HEUVEL (Van den)

126 — Un Astronome.

> A la pierre noire et lavis rehaussé de blanc. Signé.

HOBEMA

127 — Paysage.

> A l'encre de Chine.

HUBERT

128 — Paysage.

> A la mine de plomb.

HUET (J.-B.)

129 — Tête de bouquin.

> Aux deux crayons. Signé : 1779.

130 — Tête de chien lévrier.

> A la sanguine.

131 — Oiseaux gros bec.

> A l'aquarelle gouachée. Signé.

HUISSE (PIERRE)

132. — Paysage.
  Au crayon noir.

INCONNUS

133 — École Française. Intérieur de cabaret. Servante de corps de garde, grand effet.
  A la plume, lavé d'encre de Chine. (Encadré.)

134 — École Flamande. Paysage et vue de ville.
  A la plume, lavé et teinté.

135 — École Française. Etude de femme nue.
  A la sanguine.

136 — École Française. Char de la Renommée
  A la plume, lavé de bistre.

137 — École Italienne. Vase et ornement.
  A la plume et bistre.

138 — École Flamande. Paysage.
  A la plume.

139 — École Française. Arabesques et Génies.
  Au bistre teinté.

140 — École Allemande. Scène nocturne.
  A l'aquarelle.

141 — École Italienne. Portrait d'un personnage d'église.
  A la pierre noire et sanguine.

142 — École Italienne. Ornements.
  A la plume et sépia.

142 bis — École Italienne. Sainte Véronique.
  Plume lavée de bistre.

143 — École Française. Vase antique, G. M.
  A la plume, lavé d'encre.

144 — École Française. Deux vases antiques.
  A la plume, lavé d'encre.

INCONNUS

145 — École Française. Paysage (Signé A. S. 1782).
A l'aquarelle.

146 — École Française. Danse de jeunes filles nues. Jeux olympiens.
Plume, lavé d'encre de Chine.

147 — École Française. Jeune jardinière.
A l'aquarelle. Sur soie, en forme d'écran à main. (Encadré.)

148 — École Française. Deux paysages.
Au lavis rehaussé de blanc. (Encadré.)

149 — Personnage drapé, tenant un bâton d'une main, du côté de laquelle il se penche (et contre-partie).
A la sanguine.

150 — Homme assis, la jambe droite entourée de ses bras.
A la sanguine.

151 — Un Baptême dans une église.
A la plume, lavé de bistre. Collection Deshays.

152 — Femme assise endormie les mains croisées, la droite tenant un livre ; sur ses bras dort un petit chat.
Au pastel. Collection Deshays.

153 — Blanchisseuses.
A la sanguine.

154 — Ange se pressant le sein auprès d'un enfant mort.
A la plume et sépia.

155 — Variante du dessin précédent.

156 — Zéphyre et l'Aurore.
A la plume et bistre.

157 — Un martyre (Ecole Allemande).
A la plume et bistre.

158 — Le Christ dans deux attitudes différentes.
A la plume et bistre.

159 — Paysage.
A la plume, lavé d'encre de Chine.

INCONNUS

ÉCOLE FRANÇAISE DU XVIIIe SIÈCLE

160 — Grand prêtre pontifiant.
Sanguine. Collection Deshays.

161 — Etude de vieillard.
Sanguine. Collection Deshays.

162 — Tête de femme vue de profil.
Sanguine, Collection Deshays.

163 — Femme dessinant.
Sanguine. Collection Deshays.

164 — Jeune enfant dessinant.
A la sanguine. Collection Deshays.

165 — Une femme se drapant.
Croquis à la sanguine. Collection Deshays.

166 — Une Nativité, (attribué à Boucher).
Dessin à la plume. Collection Deshays.

167 — Les Petits dessinateurs.
Au crayon rouge.

168 — Etude de tête de vieillard.
A la sanguine.

169 — Croquis.
Au crayon noir.

170 — Le Christ sur le chemin de la croix.
A la plume et encre de Chine.

171 — Moïse sauvé des eaux (Signé).
A la plume et lavé.

172 — Suzanne au bain.
Aux trois crayons.

173 — Panneau.
Au bistre, rehaussé de blanc.

INCONNUS

ÉCOLE FRANÇAISE DU XVIIIᵉ SIÈCLE

174 — Homme vu de dos.
Étude à la sanguine.

175 — Etude d'hommes allongés.
Deux dessins.

175 bis. — Visite au tombeau.
A la plume et lavé. (Attribué à Marlet.)

JEAURAT

176 — Enfants traversant un gué.
A la plume, lavé de bistre. (Sous verre.)

JORDAENS (Attribué à)

177 — Concert de famille.
A la plume et lavis d'encre. (Sous verre.)

178 — Tête de satyre.
Au crayon noir et sanguine.

KABEL (JOANNES)

179 — Paysage (Signé 1590).
A la plume.

KELLIN

180 — Paysage. Entrée d'un pont.
A la sépia.

LAFAGE

181 — Dessin à la plume.

LALLEMAND

182 — Vue d'un port.
A l'aquarelle.

LANCRET

183 — Esquisse de femme.
A la sanguine.

LANCRET

184 — Dame vue de dos.

A la sanguine.

LAQUY

185 — Joueurs de dés.

A la sépia.

LARGILLIÈRE

186 — Le Calvaire.

A la plume, encre de Chine et bistre. Dessin capital. (Encadré.)

LANTARA

187 — Paysage.

A la plume et bistre.

LE BARBIER

188 — Scène de ménage.

A l'aquarelle. (Encadré.)

189 — Les Amants surpris.

A l'aquarelle. (Encadré.) Ces deux dessins ont été gravés.

LEGILLON (Signé 1782)

190 — La Marchande de pommes.

Au crayon noir, rehaussé de blanc.

LEPRINCE

191 — Femme persane.

A l'aquarelle. (Cadre ancien.)

192 — Scène de réveil.

A la sanguine. (Encadré.)

LEVEN (Sacht)

193 — La Vérité.

Au crayon noir, lavé d'encre.

LIEUDEN (P. V.)

194 — Vue de Delphe.

A l'encre de Chine.

LOO (VAN)

195 — Etude d'enfants.

A la sanguine.

196 — Diane (Esquisse).

A la plume et sanguine.

197 — Fontaine supportée par des tritons.

Dessin exécuté aux cinq points. Catalogué dans le temps par M. de Goncourt.

198 — Portrait de Louis XV.

Au crayon noir.

LORRAIN (Attribué à)

199 — Paysage.

A la plume et bistre.

LOUTHERBOURG

200 — Joueurs de boule.

A l'encre de Chine, rehaussé de blanc. (Encadré.)

MARIGNY (Elève de Gros)

201 — Deux allégories.

A la plume et sépia.

MARLET

202 — Réunion dans un jardin.

A la plume.

MARSEN DE YONGHE

203 — Combat de cavalerie.

A l'encre de Chine.

MERTENS

204 — Portrait de femme en buste.

Signé. Au crayon noir. (Sous verre.)

MEULEN (Van der)

205 — Croquis de bataille.

A la sanguine.

206 — Cavaliers.

A la plume.

207 — Types militaires.

A la sanguine.

MEYNIER

208 — Plafond du Louvre.

A la plume et bistre, rehaussé de blanc.

MICHEL

209 — Deux paysages (recto et verso).

A l'aquarelle. (Sous verre.)

MIGNARD (Attribué à)

210 — Dame richement habillée.

A la pierre noire, rehaussé de blanc.

MOLYN

211 — Paysage. (Signé.)

Au crayon noir.

212 — Paysage. (Signé.)

A la pierre noire.

MOMMERS

213 — Paysage et animaux.

A la sanguine.

MONNET

214 — La Consultation délicate.

Plume et bistre. (Encadré.)

MONNOYER (J.-B.)

215 — Fleurs, œillets.

A la plume.

MONSIAU

216 — Visite de l'Impératrice à l'Exposition.
Signé. (Encadré.)

MOREAU (LE JEUNE)

217 — Famille dans un parc.
A la plume et lavis.

218 — Cartouche-ornement.
A la sanguine. (Sous verre.)

MORGHEN (RAPHAEL)

219 — Etude d'enfant.
A la sanguine.

MOUCHERON

220 — Paysage.
A la plume et lavis. (Encadré.)

MURILLO

221 — Extase de saint Bartholomée.
Plume et lavis.

MUTIANO

222 — La Cène.
A la plume, lavé et teinté.

NANTEUIL

223 — Portrait d'homme.
Au crayon noir. (Encadré.)

NAPOLITAIN (PHILIPPE)

224 — Combat de cavaliers.
A la plume.

NATOIRE

225 — Mort de la Madeleine.
Crayon lavé de bistre.

NETSCHER (Gaspard)

226 — Portrait d'homme.
Dessin à la plume.

NICOLE

227 — Monuments de Rome.
A l'aquarelle.

228 — Monuments de Rome.
A l'aquarelle.

NORBLIN

229 — Joueurs de boule.
A l'aquarelle.

NOVELLI (Pierre)

230 — Tête de vieillard.
A la plume.

OUDRY

231 — Le Loup et l'Agneau.
Signé. A l'encre de Chine, rehaussé de blanc.

OESER (A. F.), signé

232 — Homme portant un mort.
A la pierre noire et lavis.

OPSTAL (Van)

233 — Jésus et ses disciples.
A la plume, lavé de bistre.

PAJOU

234 — Vase sur un socle.
Signé : 1778. A la plume et terre de Sienne.

PALME (LE VIEUX)

235 — Etude d'homme.
A la plume.

236

PARMESAN

236 — La Visitation.
>A la plume, lavé de bistre.

237 — Diane.
>A la plume, teinté.

238 — Sainte Famille.
>A la plume et bistre.

PARROCEL

239 — Cavalier vu à mi-corps, le sabre au poing.
>A la sanguine.

PATEL

240 — Paysage.
>A l'aquarelle.

PETRUS

241 — Dessin d'architecture.
>Signé illisiblement. A l'encre de Chine. (Encadré.)

PICARD

242 — Religieux et religieuse.
>Signé : 1778. A l'encre de Chine.

PIERRE

243 — Scène de comédie.
>A l'encre de Chine, rehaussé de blanc. (Encadré.)

PILLEMENT

244 — Paysage.
>Signé : 1780, A l'aquarelle, lavé d'indigo. (Encadré.)

PINAKER

245 — Grand paysage.
>A la plume et lavis.

PIOMBO (SÉBASTIEN DEL)

246 — La Justice.

Au crayon noir. (Cadre ancien.)

247 — Figure de la Chapelle Sixtine.

A la plume, lavé de bistre.

POLYDORE DE CARAVAGE

248 — Matrone romaine.

Au bistre, rehaussé de blanc.

PORTAIL

249 — Dame en buste.

A la sanguine.

POTTER (PAUL)

250 — Vache couchée.

Au crayon noir. Teinté. (Encadré.)

POUSSIN

251 — Vénus et Adonis.

A la plume et lavis. (Encadré.)

PRONCK (CORNÉLIS)

252 — Portrait d'homme en miniature sur vélin.

A le mine de plomb.

253 — Homme assis, dessinant.

A l'aquarellle.

254 — Vue de ville.

A la plume.

255 — Vue de ville.

A la plume.

256 — Une Famille.

A la plume.

PRUDHOMME

257 — Communion d'un mourant.
Au lavis de plume et teinté.

258 — Réception de saint Bruno.
Au lavis de plume et teinté.

PRUDHON

259 — La leçon de musique.
A l'encre de Chine, rehaussé de blanc. Collection d'Harlai.

260 — Pygmalion.
A l'encre de Chine, rehaussé de blanc. Collection d'Harlai.

261 — Pygmalion.
A l'encre de Chine, rehaussé de blanc. Collection d'Harlai.

262 — Fête à Bacchus.
A l'encre de Chine, rehaussé de blanc. Collection d'Harlai.

263 — Fête à Bacchus.
A l'encre de Chine, rehaussé de blanc. Collection d'Harlai.

QUELLINUS (Elève de Rubens)

264 — Armoiries épiscopales.
A la plume et bistre.

QUEVERDO

265 — L'initiation aux mystères de Priape.
A la sanguine. Signé.

RAFFET

266 — Pêcheuse de crevettes.
A l'aquarelle.

RAPHAEL

267 — Femme à genoux.
A la sanguine.

268 — Combat d'amazones.
A la plume.

RESTOUT

269 — Mise en croix.

A la sanguine.

RIÉDINGER (JEAN)

270 — Trophée de chasse.

Au crayon rehaussé de blanc. (Sous verre.)

RIETSCHOF (Élève de Bakinson)

271 — Combat naval.

A la plume et encre de Chine.

RIVALS

272 — Hercule couché et génies.

A la plume et au bistre.

ROBERT (HUBERT)

273 — Une fontaine à Rome.

A l'aquarelle.

274 — Paysage Italien. (signé 1759)

A la sanguine.

275 — Paysage Italien.

A la sanguine.

276 — Un puits, (croquis signé).

A la sanguine.

277 — Vue de Rome (1762).

A la sanguine.

278 — Musée de Rome.

A la sanguine.

ROMAIN (Attribué à JULES)

279 — Ornement d'architecture.

A la plume et lavis de bistre.

280 — Résurrection de Jésus.

A la plume et bistre, rehaussé de blanc.

281 — Piédestal, (autre dessin au verso).

A la plume et bistre.

ROSA (DE TIVOLI)

282 — Paysage et animaux.

A la plume et lavis.

RUBENS (Attribué à)

283 — Satyre à mi-corps.

Au crayon noir et sanguine.

284 — Triomphe de Vénus.

A la sanguine et crayon noir.

285 — Tête d'ange.

Aux deux crayons.

SALMON

286 — Fille cueillant des cerises.

Au crayon noir. (Sous verre.)

SALVIATI

287 — Étude d'enfants.

A la mine de plomb.

SARRAZIN

288 — Étude d'arbres.

Signé. A la plume, lavé d'encre de Chine.

289 — Intérieur d'un parc.

Signé. Au lavis d'encre.

SARTE (ANDRÉ DEL)

290 — Tête d'enfant.

A la sanguine.

SAUVAGE

291 — Deux frises d'ornement.

A la plume, lavé à l'encre de Chine.

SCHENEAU

292 — Concert de famille.

Signé. A l'aquarelle. (Encadré.)

SERRES (D.)

293 — Marine.

Autographe. A la plume et aquarelle.

SEURRE

294 — Baigneuse.

Au crayon et bistre.

SILVESTRE

295 — Vue de ville.

A la plume et lavis.

SNEYDERS

296 — Chiens et sanglier.

A la plume, lavé d'encre de Chine.

STELLA

297 — Enlèvement d'Eurydice.

A la plume et lavis.

STRY (Jacques van)

298 — Paysage et animaux.

Au bistre (Encadré.)

SWANEVELT H. Van)

299 — Paysage.

A la plume et lavis de bistre, avec gravure.

SWEBACH

300 — Bataille de cavalerie.

A la plume et lavis d'encre.

TERBORG

301 — Homme assis vue de dos, peignant.

Signé. A la plume.

TERBURG

302 — Portrait d'homme.

A l'aquarelle.

TIEPOLO

303 — Scène biblique.

    A la plume et au bistre. (Encadré.)

304 — Scène biblique.

    A la plume et au bistre. (Encadré.)

305 — Vierge au temple.

    A la plume et au bistre. (Encadré.)

306 — Scène de la vie de Jésus.

    A la plume et au bistre. (Encadré.)

307 — Scène de la vie de Jésus.

    A la plume et au bistre. (Encadré.)

308 — Scène de la vie de Jésus.

    A la plume et au bistre. (Encadré.)

309 — Scène de la vie de Jésus.

    A la plume et au bistre. (Encadré.)

310 — Scène de la vie de Jésus.

    A la plume et au bistre. (Encadré.)

TITIEN

311 — Mariage de la vierge.

    A la plume et au bistre.

TOORNEWLIET

312 — Portrait de femme.

    A la sanguine.

TOPFER

313 — Chartreuse dans un parc.

    A la sépia.

TRINQUESSE

314 — Portrait de femme assise.

    Au crayon noir et blanc.

315 — Portrait de femme assise.

    A la sanguine.

UDEN (Van)

316 — Paysage.
> A la plume. Teinté.

VAEL (C. de)

317 — Dame villageoise.
> A la plume et lavis d'indigo.

VASARI

318 — Ornement d'architecture.
> A la plume et lavis d'indigo.

VÉLASQUEZ (Attribué à)

319 — Cavalier.
> A la plume et sépia.

VENNE (Adrien van der)

320 — Cavaliers (croquis).
> A la sanguine.

VERDUSSEN

321 — Bataille.
> A la plume, lavé d'encre de Chine.

322 — Marché aux chevaux.
> A la plume, lavé d'encre de Chine.

323 — Combat dans une forêt.
> A la plume, lavé d'encre de Chine.

VERNET

324 — Bonaparte donnant des ordres.
> A la plume et lavis. (Encadré.)

VÉRONÈSE (Paul)

325 — Réunion de chefs d'armée.
> A la plume, lavé de bistre.

326 — Composition en travers très effacée.
> A l'encre de Chine.

VIVIEN

327 — Attaque dans une forêt.
A la pierre noire et lavis d'encre.

VILLERET

328 — Jardin des Tuileries.
A l'aquarelle.

VOS (Martin de)

329 — Sainte Madeleine.
A la plume et bistre.

330 — Saint Hubert.
A la plume et bistre.

VOUET (Simon)

331 — La Force, la Modération, la Prudence et la Justice.
Quatre dessins. Au crayon noir.

WATTEAU (Attribué à)

332 — Campagne romaine.
A la sanguine.

333 — Homme debout.
A la sanguine.

334 — Croquis de barque et personnage.
A la sanguine

335 — Personnage portant une hotte.
Aux deux crayons.

336 — Jeune femme tenant un éventail.
A la sanguine.

WATTIER

337 — Femmes nues, deux dessins.
A la mine de plomb.

WESTALL

338 — Les Refugiés.

. A l'aquarelle.

WIERIX

339 — Sujet religieux.

A la plume et teinté.

WITT (Jacques de)

340 — Danse villageoise.

. A la plume.

WOUVERMANS (Attribué à)

341 — Croquis.

A la sanguine.

342 — Halte de chasse.

. A l'encre de Chine.

343 — Cavalier chasseur.

A la pierre noire et lavis.

WYCK

344 — Petite Marine.

Au lavis d'encre et de bistre.

ZEEMANN

345 — Marine.

A la plume, lavé d'encre.

DESSINS EN LOTS

346 — *Blomaert*. Madeleine.
Bloemen. Maréchal ferrant.
Salvator Rosa. Paysage.
Trois dessins.

347 — *Delarue*. Jeux d'enfant-frise.
Sébastien Leclerc. Saint Antoine de Padoue.
Ad. Vivien. Un chien couché.
Vischer. Tête de vieille femme.
Quatre dessins,

348 — *Lantara*. Deux paysages. Aquarelle.
Adam. Paysage.
Trois dessins.

349 — *Masse*. Étude de mains.
Lemoine. Étude de mains.
Deux dessins.

350 — *J. de Witt*. Enfant musicien.
Ricci. Jésus chez Marthe et Marie.
Deux dessins.

351 — *Aug. Carrache* (Signé 1790). Paysage.
Jouvenet. Destruction des idoles.
Jean d'Udine. Ornements.
Trois dessins.

352 — *Callot*. Saint Simon.
Pierre de Hooghe. Scène persane.
Vasari. Tombeau de Louis XI.
Schwartz (Signé). Croquis divers.
Quatre dessins

353 — *Jaurat*. Fruits.
Huet. Paysage aquarelle. — 3 vases
Cinq dessins.

354 — *Lebrun*. Rêve de moine.
Boilly fils. Porte majeure â Rome.
Hubert Robert. Ruines.
    3 Trois dessins.

355 — *Inconnu*. Ruines.
Rosso. Paysage.
    Deux dessins.

356 — *Hubert Robert*. Ruines.
Tiépolo. La Peste.
Dal Sol. (Signé). Peintre peignant une femme.
    Trois dessins.

357 — *Parrocel*. Cavaliers combattant.
Stradan. Cavaliers combattant.
    Deux dessins.

358 — *Inconnu*. Ornement.
Delafosse. Chapiteaux.
Parmesan. Divers croquis.
    Trois dessins.

359 — *Veïrotter*. Une chaumière.
Ferg. Danse de paysans, paysage.
Teniers D. Le Château.
    Trois dessins.

360 — *Chasselat*. Trois dessins, Mères de famille.
Swebach. Types russes.
Vatinelle. Hébé.
    Quatre dessins.

Abel de Pujol. Mercure et allégories.
361 — *Van der Hagem*. Paysage.
Vitringa. Marine.
Louis Carrache. Paysage.
    Trois dessins.

362 — *Inconnu*. Deux têtes de vieillards.
Pasinelli. Statues antiques.
Palme le jeune. Le Christ et la Samaritaine.
    Trois dessins.

363 — *Titien*. Paysage.
Winants. Paysage.
Deux dessins.

364 — *Huet* (Signé). Mauves.
Marsens. Chardon.
Deux dessins.

365 — *Gasparo*. Paysage.
P. Brill. Paysage.
Van Acken. Paysage.
Trois dessins.

366 — *Boissieu*. Divers croquis et paysage
Inconnu. Vieux pont d'Avignon.
Trois dessins.

367 — *Poussin*. Croquis d'architecture.
Martin de Vos. Bergers à la crèche.
Inconnu. Le Jugement dernier.
Trois dessins.

368 — *Eisen*. Jeune fille et jeune garçon.
Deux dessins aux trois crayons.

369 — *Colin* (Signé). Une déclaration.
Le Saint (Signé). Un cloître.
Deux dessins à la sépia.

370 — *Frangiabigio*. Notre-Dame-des-Sept-Douleurs.
Inconnu. Enfant vu de dos.
Deux dessins.

371 — *Mitelli*. Mascarons. Deux dessins à la sanguine.
Ecole française. Deux ornements.
Goeron. Fleuron avec figures.
Vasari. Femme debout.
Quatre dessins.

372 — Sous ce numéro seront vendus quelques dessins non
catalogués.